# UNA LLAMA EN LA NOCHE

El cautiverio de San Juan de la Cruz

AF276552

MANUEL LÓPEZ CASQUETE

# UNA LLAMA EN LA NOCHE

## EL CAUTIVERIO DE SAN JUAN DE LA CRUZ

FONTE
GRUPO EDITORIAL

© 2025 by Manuel López Casquete de Prado
© 2025 by Grupo Editorial Fonte
P. del Empecinado, 1; Apdo. 19 – 09080 – Burgos
Tfno.: 947 25 60 61

www.montecarmelo.com
www.grupoeditorialfonte.com
editorial@grupoeditorialfonte.com

ISBN: 978–84–10023–79–6
Depósito Legal: BU 21–2025

Impresión y Encuadernación:
Grupo Editorial Fonte – Burgos
Impreso en España. Printed in Spain

Diseño de la portada: *Macarena Gross*

Este libro está dedicado a mi hijo Manuel.
Cuando le dije que escribiría un libro dedicado a él,
igual que había hecho con sus dos hermanos mayores,
me dijo que le parecía bien,
pero que quería que fuera un libro de superhéroes.
Espero que no haya quedado demasiado decepcionado.

Aunque, bien mirado,
tal vez éste sea un libro sobre un superhéroe,
uno que no llevaba capa ni antifaz, y tampoco volaba;
tan sólo tenía su pequeñez y la hondura de su alma,
pero estuvo dispuesto a entregarse hasta el final.
Esa es la condición de tantos y tantos caminantes de silencio:
pequeñez, hondura y entrega.

Son superhéroes como tú, mi pequeño Manuel.
Aunque tú tienes más suerte, porque llevas capa y antifaz,
y sobre todo porque vuelas.
Sigue siendo un superhéroe, porque los superhéroes como tú
salváis el mundo todos los días.

Para ti, Manuel, con todo el amor de tu padre.

# PREFACIO

*Gocémonos, amado,*
*y vámonos a ver en tu hermosura*
*al monte o al collado*
*do mana el agua pura;*
*entremos más adentro en la espesura.*

San Juan de la Cruz –Cántico Espiritual–

Era noche de agosto en Toledo; corría el año 1578. El fraile carmelita Juan de la Cruz había permanecido casi nueve meses preso por mandato del vicario general de su orden. Se le acusaba de desobediencia, rebeldía y contumacia por negarse a cejar en su propósito de reformar el Carmelo junto a la madre Teresa de Ávila.

Pero esa noche de agosto *salió sin ser notado* de su prisión. De madrugada, enfermo y extremadamente débil, fray Juan logró salir de su celda, descolgarse desde una ventana, saltar la tapia del convento de la Concepción franciscana y desde allí salir a la calle por el lado opuesto. En el silencio de la noche se escuchaba el rumor quedo del río, en la parte Este del arco que el Tajo traza en torno a Toledo, junto al puente de Alcántara. Pero fray Juan había sido llevado a su cautiverio con los ojos vendados, de modo que ni siquiera sabía dónde se encontraba. Preguntó a una mujer, que le dijo que estaba en Toledo y le indicó el modo de llegar al convento de las carmelitas descalzas, aunque no abrirían hasta las ocho de la mañana. Fray Juan caminó por las calles empedradas como una sombra, casi como un despojo humano.

El convento de las descalzas estaba situado aproximadamente a un kilómetro del lugar de su cautiverio, en la calle Real, cerca también de la ribera del Tajo pero por el lado Oeste, junto al puente de San Martín. Era el cuarto de los conventos carmelitas reformados que había fundado Teresa de Ávila, y había sido consagrado en 1568, justo diez años antes. Al límite de sus fuerzas, fray Juan entró en la casa de un caballero y pidió permiso para esperar en el vestíbulo hasta que se hiciera de día.

La aurora de agosto esparcía por la ciudad el frescor del Tajo, tan sereno a su paso por Toledo. Ya de amanecida, fray Juan llegó ante el convento de las descalzas y llamó a la entrada de la clausura con sus escasas fuerzas.

— Ave María Purísima… Válgame Dios, si es fray Juan…

Un revuelo de hábitos y carreras se escuchaba al otro lado del portón mientras una de las descalzas descorría cerrojos y herrajes.

— ¿Pero qué han hecho de vuestra merced, fray Juan?

Aquel frailecillo, pequeño de talla pero siempre tan lleno de vida, había envejecido de golpe a sus apenas 36 años. Había sido azotado y encerrado en una celda oscura y estrecha, de seis por diez pies[1], habitualmente usada como retrete de la habitación de huéspedes contigua. Durante casi nueve meses había vivido prácticamente a pan y agua, sin que le cambiaran la ropa, que se le pegó a las heridas de los azotes, llagándole la piel. Incomunicado, comiendo algunos mendrugos de pan que le arrojaban en el suelo, sin que le vaciaran el balde, fray Juan enfermó de disentería. Como meses después diría de él la madre Ana de Jesús, *era como un muerto, sólo piel y huesos, tan enjuto y exhausto que apenas podía hablar.*

La priora de las descalzas de Toledo, la madre Ana de los Ángeles, le dejó pasar al interior de la clausura con la excusa de que una monja que estaba enferma necesitaba confesión. Pero fray Juan no podía permanecer con las monjas, ni tampoco podían arriesgarse a dejarlo desprotegido en alguna estancia fuera de la clausura. Entonces la priora mandó aviso al canónigo Pedro González de Mendoza, amigo de la reforma carmelitana. Después de servirle unas peras con canela, vistieron a fray Juan con una sotana y lo llevaron en un carruaje al Hospital de la Cruz, dirigido por este canónigo. Posteriormente se alojó en casa del propio Mendoza hasta que se restableció.

En octubre de ese mismo año, en capítulo celebrado en Almodóvar del Campo, los descalzos acordaron constituirse en provincia aparte de los calzados. Aunque este acuerdo todavía estaba al margen de la legalidad eclesial, fray Juan fue enviado como prior al

---

[1] El pie castellano mide 28 cms., por lo que la estancia en la que estuvo preso San Juan de la Cruz medía aproximadamente 2,80 metros de largo por 1,70 metros de ancho.

convento de Beas de Segura, y desde allí a Baeza y posteriormente a Granada.

A pesar de su dureza, aquellos meses de reclusión tuvieron una importancia decisiva en su vida. El propio fray Juan diría que, del mismo modo que *había estado en el vientre de su madre nueve meses, había pasado otros nueve meses en dicha prisión.* De la cárcel salió renacido, como hombre nuevo[2]. Es posible que lo que experimentara fuese la aceptación de la muerte y la entrega confiada de su propia vida en total y absoluta apertura a la voluntad de Dios.

A pesar del rigor extremo de los meses de su cautiverio, había podido componer en la celda las 31 primeras estrofas del *Cántico Espiritual,* al principio memorizándolas y luego transcribiéndolas gracias a un carcelero más benévolo que le ofreció papel y tinta. Entre Beas de Segura, Baeza y Granada completó el poema con las nueve estrofas restantes, incluyendo este verso de la estrofa 35 que es, también en nuestros días, como una invitación para tantos caminantes de silencio: *entremos más adentro en la espesura.*

En este verso de aquel fray Juan, frágil y enfermo, está contenido el horizonte del camino del silencio: penetrar más y más en la hondura de nuestro propio corazón, como quien se adentra en un bosque inexplorado; ir atisbando una profundidad cada vez mayor, un misterio cada vez mayor, hasta hallar el manantial de agua pura que está brotando en el centro de ese bosque inexplorado en este preciso instante. Hay en nuestro corazón todo un universo, toda una eternidad

---

[2]  Vicente Rodríguez, J. (2007). *Juan de la Cruz. Chico y grande.* Madrid: San Pablo, pág. 49.

que aguarda a ser desvelada y reconocida. O que tal vez aguarda a que nos reconozcamos en ella.

Te invito, querido lector, a que nos adentremos en las sombras de la celda de fray Juan durante aquellos meses de su cautiverio. No encontrarás en estas páginas un tratado de oración, ni una semblanza histórica, ni un estudio de la obra poética de Juan de la Cruz. Lo único que hallarás será el aroma de un misterio que conmovió el corazón de aquel *mudejarillo*[3] descalzo. Vayamos, pues, con él *más adentro en la espesura*.

---

[3] *El mudejarillo* (1992, Barcelona: Anthropos) es el título de un delicioso texto en prosa poética sobre la vida de San Juan de la Cruz escrito por el Premio Cervantes 2002 José Jiménez Lozano.

# Capítulo I

Una minúscula ventana. Sólo una minúscula ventana. La tenue luz que entra a su través se funde con mi alma. Dura apenas un instante, pero la eternidad de todos los soles parece amanecer aquí, en la palma de mi mano, que exulta con el beso de la luz. Todo mi silencio se funde con ella. Todo yo soy la palma de mi mano y la luz, y casi puedo volar sumergido en ella de vuelta hacia el sol y abandonarme al viaje a través de las edades del mundo hasta el primer soplo, que es tu verdad más desnuda.

Mi nombre es Juan de Yepes y nada ansío. Nada me falta. Toda la Presencia de Dios permanece aquí conmigo, exultante. ¿Qué más habría de desear? La eternidad es mi suelo, sobre ella me acurruco cada noche.

*¿Cómo puede el hombre regresar al seno de su madre y volver a nacer?*, te preguntaba de noche aquel atormentado Nicodemo. Yo ya lo sé porque tú me lo has dicho. ¿Y quién soy yo, sino el más bajo de los hombres, para tanta merced de tu mano?

De mañana la amanecida me encuentra abrazado a ti, embriagado de gozo, conmovido por tanta Presencia. Yo, que no soy nada. Yo, que no soy nadie.

El tenue brillo de la luz me habla del cielo estrellado y de una inmensidad inabarcable que no es más
que el aroma de una flor en tu regazo. Tan sutil, tan
hermoso, y al mismo tiempo tan fugaz y tan sagrado.

Mi nombre era Juan de Yepes. Ahora soy nadie.

# Capítulo II

Hoy he comenzado a componer. La poesía parece venir de un lugar demasiado hondo. Un lugar del que brota una felicísima angustia y donde algo de mí se calcina sin cesar, como la higuera que contempló Moisés. Y, al mismo tiempo, aflora una dulcísima melodía, una nueva vida renacida en ti. Las raíces de mi ser se entremezclan con las tuyas, y soy una gota de rocío en el tronco de tu árbol. Cuando amanece, el sol habita esa gota de rocío, como un diminuto punto de fulgor y de brillo que contiene el universo entero.

Mi primer verso es sobre el aroma de tu ausencia, sobre tu huida de mí, al tiempo que la suave mano de tu amor ha desgarrado mi entraña:

> *¿Adónde te escondiste, amado,*
> *y me dejaste con gemido?*

¿Y cómo es posible que tanta y tan desgarrada ausencia sea, al mismo tiempo, la Luz que todo lo inunda, que todo lo acoge en su seno y que tu inabarcable Presencia contiene?

Basta sólo con dejarte ser. Y a mí, a la más baja de tus criaturas, le has concedido un lugar de donde no es posible huir. *¿A dónde huiré, Señor, lejos de tu*

*Presencia?* Por ventura no tengo escapatoria, Luz mía. Por ventura tu Presencia inunda hasta el más oscuro rincón de esta celda y la convierte en santuario. Esta pequeña celda no es otra cosa que el seno maternal que gesta una presencia nueva, una luz nueva. Cuando el tiempo se complete, este seno maternal dará a luz una criatura renovada que, a fuerza de ser imperceptible, invisible, transparente, que a fuerza de ser nadie, dejará entrever la Luz de tu Presencia.

El dar a luz de esta celda, que es seno de madre, será dar a Luz tu Presencia sagrada.

# Capítulo III

Sólo un pedazo de pan; un mendrugo duro que me arrojaron sobre el suelo en el refectorio. Lo sostengo en la concavidad de mis manos y cierro los ojos. En el abrazo de mis manos al pan está contenido el eco del trigal, el paso pesado de las yuntas de mulas abriendo penosamente el surco a la voz del sembrador, y las lluvias del otoño, y los fríos del invierno, y el despertar de la vida en primavera. Casi puedo sentir entre mis manos el rumor de las espigas, antes de la siega, movidas por el viento, cuando se rozan secamente unas con otras. En el abrazo de mis manos están los rostros sudorosos de las cuadrillas de segadores que avanzan cantando al compás del tajo de las hoces, los cernícalos sobrevolando las gavillas y la llamada del manijero para el descanso breve y el agua fresca. Y las mismas mulas que pesadamente abrieron camino al arado ahora trotan en un cascabeleo ligero en las largas tardes de trilla mientras corren los niños por las eras.

La concavidad de mis manos abraza el universo entero. Abraza el sol, el agua, el grano, el esfuerzo de los hombres, la tierra virgen que acoge y atesora la semilla como una promesa de fecundidad. El pan que sostengo, escaso y duro, no es menos pan que cualquier otro. Es tan pan como el que Jesús multiplicó en las orillas del Tiberíades para la multitud que le seguía hambrienta; el mismo que las cuadrillas comparten cuando el manijero lo besa invocando el nombre de Jesús; el mismo que contiene en sí las lejanías azules de las tardes de campiña y el misterio de la vida toda, de la vida única que mana del hontanar del Padre Eterno. La creación entera se hace presente en este trozo de pan que sostienen mis manos; y al mismo tiempo, mis manos son sostenidas por él, por el pan, a través del cual la Creación se hace presente para alimentarme.

Qué dichosa bendición contiene este pedazo de pan, que sigue sosteniendo misteriosamente mi vida, la vida del más pequeño de los hombres. Y al mismo tiempo, qué misterio incomprensible. ¿Cómo es posible que el río de la Creación que mana de lo eterno se acuerde de este hombre tan pequeño y le regale este pan, como las migajas que alimentan a un pajarillo? ¿Y qué otra cosa, entonces, podría yo hacer más que imitar al pajarillo? Sólo puedo, como él, cantar al Creador sobre el brocal de la Fuente de las aguas eternas, a la hora del alba, con el piar de mi pobre melodía.

El misterio de la vida me observa desde este pedazo de pan, y yo observo el misterio hecho pan desde mi pequeñez. ¿Quién de los dos es más pequeño? ¿Quién de los dos más insignificante? Y, al mismo tiempo, los dos somos el altar del más sagrado misterio, porque el mismo misterio se encarna en nosotros, más puro que la nieve. Un mismo misterio que se dice en él con la palabra «pan» y en mí con la palabra «hombre», pero que en el latido más íntimo de la creación es el mismo y único soplo de lo eterno, que desciende cantando como un arroyo de las cumbres y que se dice en nosotros con el idioma sagrado de la pureza. Qué misteriosa dicha la de la existencia pura.

Conmovido de gratitud, me quedo aquí con este pan, el mismo que las divinas manos de Jesús partieron y repartieron en aquella cena que hoy, como cada noche, vuelve a suceder.

# CAPÍTULO IV

De amanecida, aunque a veces me desvelo aterido, mis manos palpan el suelo en la oscuridad, y me invade una sensación de acogida. Si durante las horas inciertas del sueño el alma vaga por los espacios infinitos, con la aurora siento de nuevo el abrazo del suelo, que es el seno maternal de la tierra, y me siento sostenido.

Mi diminuta celda se vuelve entonces un espacio anchuroso que abarca hasta donde se encuentran los horizontes. Y siento el aroma de la tierra cuando las primeras lluvias le arrancan el hálito caliente y hondo. Me siento sostenido, como la creación entera es sostenida. ¿Pero quién nos podría sostener? ¿Quién más que el Eterno? Por eso, para mí, el abrazo con la tierra, aunque sea tan menguada como esta pequeña celda, me habla de eternidad y de acogida. En ella me siento custodiado por tu inmensidad inabarcable.

Entonces, cuando la luz incierta que se cuela por el ventanuco de mi celda me dice que llega la alborada, sobre el seno de la tierra me hago como un ovillo, como un animalillo agazapado que descansa confiado mientras su madre vela. Y cuando ese tenue fulgor se recoge a la hora de poniente, vuelvo a acurrucarme sobre la tierra, porque *no duerme ni descansa el guardián de Israel.* Así puedo entregarme confiadamente al sueño, sabiendo que tus manos sostienen mi cuerpo frágil. Puedo entregarme confiadamente a las sombras de la noche sabiéndola habitada por las luces de tu amor.

Saberme sostenido por tus manos es mi única verdad. Nada más sabe el más pequeño de los hombres. No hacen falta libros ni teologías para contener lo que sé. Y acaso sólo esto habría de bastarme, porque ninguna otra cosa llena ni da hartura; porque un instante en tus manos es la eternidad.

Nada sé de si el suelo es pedregoso o terroso, si es frío o cálido, si es duro o suave. Sólo sé que el suelo es tierra, y la tierra es hogar, y el hogar es madre, y la madre son tus manos que me sostienen, que todo lo sostienen. Incluso al más pequeño de los hombres.

Alabada sea la tierra. Alabado sea el suelo que pisamos, porque este suelo son tus manos.

# Capítulo V

Hoy mis ojos se cruzaron con los de mi carcelero. Venía a traerme pan y agua, y por un instante su mirada se encontró con la mía. En su gesto ausente pude ver, asomando de la negrura de sus ojos, una sombra de culpa. Trepé por esa sombra hasta llegar a la madre de la culpa, que era un atisbo de compasión, apenas un tenue fulgor. Y aún seguí trepando hasta llegar a la fuente de donde nacía esa compasión, como quien sigue a contracorriente un diminuto hilillo de agua hasta el hontanar del que brota. Y ese hontanar –cuál si no habría de ser– era la médula misma de su ser: un amor tan brillante como la luz blanca del mediodía. Una luz cegadora, como la de los trigales en los campos de Castilla.

De nuevo descendí, aguas abajo, desde esa luz que era la fuente pura de la que nacía ese hilo de compasión y que bajaba hasta asomarse a sus ojos como una leve sombra de culpa. Y bajando la diminuta corriente regresé de nuevo a mi celda, cegado por tanta luz.

— ¿Cómo os llamáis, hermano?

De nuevo me miró fugazmente, dejó el pan y el agua sobre el suelo y salió con rapidez, cerrando la puerta tras de sí; entonces se hizo de nuevo la noche. Pero, por muy oscura que fuera, la estancia había quedado inundada de una luz tan blanca como el alba, del brillo primordial que es la luz de los hombres.

*Al principio existía la Palabra y la Palabra se dirigía a Dios, y la Palabra era Dios. En ella había vida, y la vida era la luz de los hombres. En el mundo estaba, el mundo existió por ella, y el mundo no la reconoció. Pero a los que la acogieron, a los que creen en ella, los hizo capaces de ser hijos de Dios.*

Padre bueno, Luz y Fuente de todo hombre, de toda criatura, de la creación entera, dígnate a abrir las puertas que confinan nuestra luz en una celda oscura. Por tu Nombre, libera el Amor que nos habita, que es tu Palabra y que es la luz de los hombres.

# Capítulo VI

Hoy es la noche de Navidad. La noche de la divinidad encarnada, de la humanidad elevada a la condición divina. Hoy es la noche de los esponsales de Dios y los hombres, *la noche más amable que alborada, la noche en que juntaste amado con amada*. La noche en que el amor de ambos se funde en un niño recién nacido. En sus piececillos desnudos balbucea la vida un horizonte nuevo que nos habla de eternidad y de ternura. Ya todo es distinto. De las profundidades de aquel portal, pobre, desnudo y oscuro, ha brotado una vida nueva, gestada en la entraña maternal de María. Hoy todo exulta de brillo porque una Luz nos ha nacido.

Las profundidades del portal, la misteriosa oscuridad de su seno, me envuelve también por doquier en esta celda oscura. Pero la oscuridad misteriosa es la madre de una luz, es el seno fértil que gesta una promesa de vida. Y yo, el más pequeño de los hombres, abrazo esta oscuridad que me envuelve en mi celda, la madre del misterio, la cueva honda de la que brota una nueva vida. Abrazo esta oscuridad que me rodea. Sólo en la oscuridad incierta podemos dejar caer nuestras certezas. Cuando no hay más que oscuridad, tan sólo podemos ser. Y cuando sólo somos, nuestra vida es tan pura como una flor que, en su simple ser, se convierte en canto de alabanza a su Creador.

La oscuridad no sólo me rodea; la oscuridad me abraza, penetra todos los poros de mi piel y colma todos mis vacíos, como las lluvias del otoño sobre la tierra cuarteada. La oscuridad de mi celda es la misma oscuridad del portal. En Belén pudo Dios abandonarse en lo humano y entregarse confiadamente a los brazos de una madre, y pudo la humanidad desnuda abandonarse en lo divino y entregarse confiadamente a los brazos del misterio.

En la oscuridad de mi celda puede mi humanidad entregarse desnuda a los brazos del misterio, y puede lo divino verterse confiadamente en el más pequeño de los hombres. El portal es mi celda, y también aquí se gesta un alumbramiento. También aquí la luz brilla en las tinieblas porque nos ha nacido un Salvador. Porque la eternidad desnuda se ha vestido de hombre.

Alabado seas, Señor, que habitas lo pequeño. Alabado seas, Señor, que habitas unos piececillos que patalean desnudos. Alabado seas, Señor, que habitas e iluminas con tu oscuridad esta celda. Alabado seas, Señor, que habitas e iluminas el corazón del más pequeño de los hombres. A ti la gloria por siempre. Amén.

# Capítulo VII

Hoy siento la oscuridad de mi celda en toda su negrura. Junto a la puerta escuché unas voces que decían que mis hermanos habían sido apresados y que la reforma había fracasado. No se me oculta que pretenden minar mi determinación de seguir adelante, pero hoy el oprobio, las vejaciones y la vergüenza pueblan cada rincón de mi celda, aguardando como alimañas a que me derrumbe para devorarme. Y de todos los venenos, el aguijón de la culpa es el que hace que mis entrañas se retuerzan de dolor.

¿No ha sido acaso vanidad abrazar la reforma? ¿No es vanidad creer que los descalzos escogemos una vida más auténtica que los calzados? ¿Y no es acaso esta vanidad mía la que ha provocado que persigan y apresen a mis hermanos descalzos? ¿No soy yo, entonces, culpable de su dolor y su tormento? ¿E incluso del dolor de los calzados, a quienes mi vanidad ha ofendido?

Todo es oscuridad en este rincón sin sol; tan lejos estoy de la luz, tan lejos de mis hermanos, tan lejos de cualquiera que pueda ver en mí un atisbo de dignidad, si es que alguien pudiera.

Hoy las paredes de mi celda son del color de la noche más oscura; la que mira a levante se llama desesperación, porque ninguna aurora puedo ya aguardar. La que a poniente, soledad, pues todo abrazo se ha ocultado tras los montes con el sol. La que mira al septentrión, indignidad, la de un alma extraviada y sin Norte. La que al mediodía, humillación, que es el frío más desgarrado.

Cómo podría Dios, que es la Luz, acordarse del lugar más oscuro del universo, que no es esta celda, sino mi corazón deshecho, más oscuro aún que las paredes en que habita.

# Capítulo VIII

Y en medio de mi oscuridad, sólo Tú.

Sólo la densidad de tu presencia en este momento. Sólo Tú vertiéndote en la realidad, como una cascada que inunda este instante de tu presencia, que da cuerpo a esta habitación, al suelo que me sostiene, al aire que respiro, a mis manos abiertas ante mí, ante ti. Sólo Tú, centro único de la existencia, centro de todos los lugares, centro de todas las edades del mundo. Sólo Tú, amor que sostienes la eternidad en la palma de tu mano, centro del centro, corazón de los espacios infinitos. Sólo Tú, porque toda presencia eres Tú, aliento de vida que a todos los seres presta el movimiento. Las estaciones giran en torno a Ti. Mi pobre vida, encerrada en esta oscuridad, en torno a Ti. Y en las inmensidades del cielo estrellado, un silbo delicado, una armonía sin principio ni final a cuyo compás danzan los astros en torno a Ti.

*Si escalo el cielo, allí estás tú; si me acuesto en el abismo, ahí estás. Si me traslado al ruedo de la aurora o me instalo en el confín del mar, allí se apoya en mí tu izquierda y me sostiene tu derecha. Si digo: que me absorba la tiniebla, que la luz se haga noche en torno a mí, tampoco la oscuridad es oscura para ti, la noche es clara como el día: da lo mismo tiniebla o luz. Tú has creado mis entrañas cuando me iba formando en lo oculto y entretejiendo en lo profundo de la tierra.*

Sólo Tú, centro del centro. Sólo Tú. Sólo Tú. Sólo Tú.

# CAPÍTULO IX

Esta mañana, entre el sueño y la vigilia, vino a mí el rostro de mi querida Madre Teresa.

— Mi *santico*, ¿dónde estáis? ¿Qué han hecho de vos?

La imagino inquieta, escribiendo cartas al rey, removiendo cielo y tierra por hallarme. «Mi *santico*...». Sólo a un amor tan grande como el suyo podría ocurrírsele semejante desvarío.

Cuando nos encontrábamos a través de la reja de la clausura en San José o en la Encarnación, nacía de entrambos una presencia nueva que nos superaba y nos trascendía infinitamente. Una presencia que nos hablaba de eternidad y de un amor sin límite, que se expresaba entre nosotros con palabras que no eran nuestras.

— Ya veis, fray Juan, qué poca cosa hemos de hacer. Nuestra parte –decía ella– consiste únicamente en abrirnos a la presencia del Eterno. Y a cambio de tan poca cosa, a cambio de esa *determinacioncilla* nuestra tan pequeña, todo un Dios hace morada en nosotros.

En estas horas oscuras de mi cautiverio ruego a Dios que nunca me falte el impulso de esa *determina-*

*cioncilla* para que cada día al alba mi corazón se abra, como la tierra bajo el arado, a su presencia misteriosa.

El día en que fueron a buscarme a la *torrecica* para apresarme, hube de quemar con premura sus cartas para no comprometer el futuro de la reforma. Cuando acabaron de arder sentía que me había desprendido de la única posesión a la que aún me aferraba. Había tanta presencia divina en aquellas cartas, tanta presencia sagrada en su corazón transido de amor…

Desde entonces nada poseo ya, ni nada ansío. Y tan sólo una *determinacioncilla* –mi querida Teresa– mantiene mi vela encendida en medio de tanta oscuridad.

# Capítulo X

Hoy recordé una visita que hice con mi Madre Teresa a uno de sus *palomarcicos*. Ella habló a nuestras hermanas de los tres modos de orar, de la oración vocal, mental y de quietud. Y al término, una hermana muy mayor, al cabo ya de una vida de fidelidad sostenida desde su juventud, se le acercó angustiada:

— Madre Teresa, soy incapaz de orar.

La Madre la miró con infinita ternura.

— ¿Pues cómo es eso, hija mía?

— No logro pasar de la oración vocal –respondió la hermana–. En cuanto procuro adentrarme en la oración mental, mi mente sólo produce desvaríos. Y ni hablemos ya de la de quietud…

— ¿Y cómo es vuestra oración vocal, hermana?

— Bien poca cosa es, Madre –respondió humildemente con la mirada perdida en la sima de las horas de silencio–. Tan sólo que comienzo a rezar el Padrenuestro y vengo a tardar en acabarlo entre dos y tres horas.

Entonces la Madre se conmovió profundamente, giró el rostro para ocultar sus ojos inundados y, al cabo, respondió:

— Alabado sea el Señor, hermana. Bendita su presencia en vos y en vuestra oración vocal.

A la mañana siguiente, cuando ya nos marchábamos, la Madre me dijo:

— ¿Habéis visto, fray Juan? Ningún modo es superior a otro. Basta con optar por aquél que nos lleve a entregarnos por completo, porque sólo Él es el Absoluto, y no los caminos que conducen a su presencia. Esta hermana siente que es bien poco lo que puede dar; pero aunque así fuera, lo es todo, porque todo lo entrega y nada retiene. El camino que hemos elegido no se cifra en lo que conseguimos sino en lo que soltamos, y esta hermana hace entrega de su vida entera en cada palabra. Os lo confieso, fray Juan: hube envidia de su oración vocal.

Y así volvimos a la intemperie de los caminos de Castilla en una mañana de lluvia fina, cuando el otoño apenas despuntaba, conmovidos por la entrega total de aquella santa anónima en su sencilla oración vocal.

Hoy rezaré el Padrenuestro, mi querida Madre, como aquella hermana que entregaba su vida en cada palabra, hasta que las sombras de mi celda revelen el hálito puro de una Presencia escondida.

# Capítulo XI

Esta noche me llega el rumor del coro que acompaña la liturgia de vísperas a la hora del ocaso.

Siento que mi presencia aquí nos hiere a todos –tanto a ellos como a mí–. Pero cuando nuestras voces se unen en el canto, no hay un *ellos* y un *yo,* sino la armonía de una única voz. Entonces toda confrontación parece entrar en reposo. Siento que puedo unirme a su canto, pero he de hacerlo muy quedo para que mi propia voz no oculte el rumor leve de las suyas. Sólo cuando nuestras voces se parecen al silencio pueden fundirse en un solo canto y en una sola plegaria. *Kyrie eleison.* Ten piedad, Señor, de nosotros.

Y en esta hora del ocaso nuestras voces, que parecen silencios, se entrelazan y suben como incienso a lo alto, abrazadas hasta no ser más que una sola, como si en los espacios anchurosos de la luz unieran nuestra súplica en un solo lamento. El lamento de nuestra humanidad sedienta. *Kyrie eleison.* Ten piedad, Señor, de nosotros.

No mires nuestra culpa, nuestra pequeñez. Como Pedro en el patio de Caifás, hemos de aprender a no ser piedra, sino barro en tus manos. *Kyrie eleison.* Ten piedad, Señor, de nosotros.

Mi agotamiento va en aumento. Me siento enfermo y desnutrido. Tal vez la vida de este fray Juan, el más pequeño de los hombres, esté llegando a su fin. Pero nada me importa si puedo acudir a tu encuentro mecido en las armonías del canto que trenza mi voz a la de mis hermanos. *Kyrie eleison*. Ten piedad, Señor, de nosotros.

Tal vez mañana, si Tú así lo dispones, escuche maitines en el cielo. O tal vez no sea aún llegado el momento. Tus designios son insondables. *Christe, lux oriens per quem sunt omnia, eleyson.* Cristo, sol naciente a través del cual son todas las cosas, ten piedad de nosotros.

# Capítulo XII

Hoy mis fuerzas han llegado al límite. Me siento enfermo; la escasez de la comida y la enfermedad me tienen postrado. Esta mañana, como tantas otras, me llevaron al refectorio y me hicieron comer mi pan de rodillas. Entonces me derrumbé. Sentía que se me iba el alma con cada anhélito. El prior dio orden de que me llevaran a mi celda y me subieran otro pedazo de pan y un par de sardinas.

Cuando llegamos a la celda el carcelero puso su mano sobre mi frente sudorosa. Una luz rodaba desde sus ojos y se entretejía con su barba; luego rodó otra, y más tarde otra. Entonces sus manos sostuvieron mi espalda mientras me recostaba en el lecho. El silencio resonaba con fuerza.

Me parecía que el Amor del Único venía a rescatar mi alma de este cuerpecillo tan débil y enfermo como quien toma el grano de la espiga, dejando la caña al abrazo de la tierra. La paz lo inundaba todo. Mi vida tocaba la médula misma de su encarnación, sostenida ya de un hilo. Las sombras de una vela danzaban en los muros en silencio.

Me parecía que cada exhalación era la última; pero después de cada una, otra venía, como olas suaves de un mar en calma besando la arena con dulzura.

Creo que mi carcelero tenía miedo de dejarme así, tan entregado y tan sin fuerzas al abrazo incierto del último silencio. Y su presencia quieta era como un faro en la noche. Tan sin fuerzas, tan sin aliento, tan sin nada, tomé su mano y él la recibió como una concha traída por las olas de ese mar en calma. Me dio de comer y de beber, y quedé sumido en un sueño profundo.

Al despertar, una aurora blanca me trajo de nuevo a la vida. Pero aquel fray Juan que entonces amanecía era sólo el canto de un pájaro. Sólo el canto, ya casi sin pájaro.

O el aroma de una rosa. Sólo el aroma, ya casi sin rosa.

O el rumor de la brisa en la mañana. Sólo el rumor, ya casi sin brisa ni mañana.

# Capítulo XIII

Parece que hoy puedo volver a caminar. Durante unos minutos pude dar un breve paseo por las estancias que rodean mi celda en compañía del hermano que me custodia y a quien no puedo ya llamar *carcelero*. Agarrado de su brazo, con paso aún vacilante, pude caminar y respirar un aire más fresco que el de mi celda. Le pedí a mi custodio que me aproximara a una ventana que da a un patio cercano, y por primera vez en meses pude recibir la caricia del sol. Hube de cerrar mis ojos durante unos instantes hasta que poco a poco se fueron acostumbrando al beso de su luz.

Me pareció entonces que no puede haber criatura más hermosa que el sol. Su toque delicado es como un abrazo y su luz nos habla de otra Luz. Es como si todo aquello que es tocado por el sol recibiese al mismo tiempo la dicha y la belleza que porta su brillo. Todo parece más puro, todo rebosa de alegría cuando el sol le besa. Hay una dignidad y una vibración sublimes en la luz del sol de la que contagian a todas las criaturas.

En estos tiempos sombríos hago renuncia de todo lo sombrío. En estos tiempos de oscuridad hago renuncia de todo lo oscuro, y bendigo a Dios por el brillo del sol.

Extrañamente, el sol nos abraza a cada instante, pero no se deja abrazar. Como el aire que nos rodea y nos estrecha, pero que es esquivo a nuestro arrullo. O como el amor del Único, que nos sostiene en un abrazo eterno, pero al que nuestros brazos de barro no pueden estrechar. Ser abrazados sin poder abrazar, qué dulce tormento.

La creación entera se conmueve a cada instante por el abrazo del Único, como si cada criatura fuera abrazada desde dentro. Y si nuestra mirada fuera tan pura como la de un pajarillo, a cada instante nos sentiríamos conmovidos por ese abrazo que desde dentro nos acoge y nos hace sabernos en casa, en el lugar íntimo donde todo es recogido en el seno del Único.

El abrazo desde dentro es como un espacio vacío, como una oquedad que desde los albores del tiempo nos muestra el camino de vuelta a casa. Si afinamos lo suficiente nuestra mirada, podremos ver en cada criatura esa oquedad, esa llamada a volver a la patria del Hombre, que es la eternidad.

Bendito seas, Señor de los espacios infinitos, por el sol, que con sólo unos instantes de brillo es capaz de devolver la esperanza a los que la habían perdido y de alumbrar la senda que nos lleva de vuelta a casa.

# Capítulo XIV

Hoy mi custodio me ha traído papel y tinta. Nada mejor podía haberme concedido. En estas semanas he ido componiendo mentalmente unos versos que ahora podré verter sobre el papel. Escribir es mi dicha. Asido a mi pluma puedo volar sobre las inmensidades sin final, y dejar que el aroma de lo eterno se haga letra en el papel.

Cuando en mi silencio me conduce el Amado a su presencia, puede mi mano ser cauce de una palabra tan profunda que no deja ver su fondo. No es mi hondura; es otra Hondura, inabarcable, que me habita y que no conoce final. Y en lo más cobijado de esa hondura hay un hontanar que, en la penumbra, no cesa de manar. Su rumor me habla de unidad y de amor con palabras no dichas. Hay un pilar que recoge las aguas que nacen de la fuente mientras todo lo que es separación se va calcinando en una felicísima angustia.

Entonces las palabras van brotando, y trepan desde la hondura hasta mi mano, que sigue su dictado como un caballo dócil. Y este pobre fray Juan, el más pequeño de los hombres, no puede más que asistir asombrado a este milagro, que es como una noria. Los cangilones se adentran en lo profundo, en las honduras de la noche, regresan con agua hasta la superficie y la vuelcan en ella con dulzura. Luego vuelven a bajar a la intimidad que cobija el hontanar y de nuevo suben, pausadamente, para seguir trayendo vida al mundo. Para hablar de Allá con palabras de acá.

El movimiento del agua en la noria siempre es de dentro afuera. Pero para ir adentro hay que ir vacío, sin nada. Sólo en el vacío del cangilón se puede recibir el agua que mana en lo profundo.

Mis versos son los cangilones de la noria, que vienen de lo profundo cargados de agua viva y la vierten en la artesa de la que beben los hombres. *Quien beba del agua que yo le daré no tendrá sed jamás, pues el agua que le daré se convertirá dentro de él en manantial que brota dando vida eterna,* dijo Jesús en la noria de Sicar a una samaritana.

Asido a mi pluma soy cotidianamente testigo de un milagro, de un manantial que brota dando vida eterna. Y así, batiendo plumas como alas, alzaré el vuelo hacia las sombras de la noche para iluminarlas con una llama de amor viva que no puede extinguirse.

# Capítulo XV

En la noche clamo a ti desde lo profundo. En el silencio de esta oscuridad, mi alma tiene sed de Ti.

Sólo ahora he entendido que el auténtico motor de la reforma es una sed desesperada, acuciante. Vestir el hábito descalzo es declararse desesperadamente sediento de Ti, con la sed de quien sabe que en nadie más puede calmarla. Con la sed de quien sabe que sólo descalzo se puede pisar la senda que nos lleva a la fuente de la que Tú nos naces en lo profundo.

*Aguardo al Señor, lo aguarda mi alma, esperando su palabra, más que el centinela la aurora.*

Y así, cobijado en el silencio de la noche, mi alma vuela hacia dentro, hacia los espacios infinitos que habitan mi alma. Sobre alas de águila, mi alma se alza sobre un paisaje inabarcable en la noche. Todas las estrellas caben en ese paisaje, que es la eternidad. Y mi mirada se pierde extasiada en las lejanías sin final, buscando tu rostro en las estrellas. *¿Adónde te escondiste, Amado?*

Desesperadamente me adentro en las honduras de la noche atisbando apenas el perfume de tu ausencia. Y el eco de las lejanías estrelladas habla a mi alma confirmando que su belleza es el reflejo de la tuya: *mil gracias derramando pasó por estos sotos con presura.*

Sí, Tú has pasado por aquí. Me lo dicen el silencio y las estrellas. Me lo dice el viento que acaricia las plumas de águila sobre las que vuela mi alma en esta noche serena. Me lo dice el resplandor tenue que ya se atisba en los Orientes y que me habla de una luz y de un misterio. *Dice de Ti mi corazón: busca su rostro.* Y en la noche incierta, poblada sólo por luceros, mi alma asombrada se entrega a Ti.

*Espera Israel en el Señor como el centinela la aurora.*

Sediento de Ti, busco tu rostro en las brasas de la aurora, vencedoras de la noche. La aurora es como un presagio de vida, como la preparación de un nacimiento. En la aurora todo se dispone a alumbrar tu rostro en una nueva luz. Volando a los Orientes, mi alma tiene sed de Ti. Desesperadamente van mis ojos buscando los tuyos.

Y en la hora incierta de la aurora, aun cuando el sol sigue oculto tras los montes, tus rayos van adentrándose en las sombras para vestirlas de luz.

*Mi amado, las montañas.* Mi amado, la luz. La que vuelve luz mis sombras porque sólo en las sombras se puede revelar la luz.

*Espera Israel en el Señor como el centinela la aurora. Él redimirá a Israel de todas sus sombras.* Que así sea por siempre, Luz que brillas en las sombras.

# Capítulo XVI

Hoy me desperté con una certeza, con una claridad nueva. El tiempo es cumplido. La gestación está llegando a su fin y el día del alumbramiento está ya próximo. Permanecer aquí es aguardar la muerte, una muerte de la que nadie jamás habría de saber. Tan sólo harían desaparecer estos pobres restos, el envoltorio ya sin vida, mientras el alma volaría libre hacia los Orientes. Mi querida madre Teresa y todos los amigos de la descalcez sufrirían un duro golpe, precisamente cuando más arrecia el frío y la crudeza de estos tiempos, cuando la esperanza pende ya de un hilo.

*Me levantaré e iré a la casa de mi Padre.* Me levantaré de entre las sombras, *a oscuras y en celada*, y atravesaré la noche para volver con ellos. Con los sedientos. Y con mi madre andariega, que desfallece de sed por los caminos de Castilla, alumbrando *palomarcicos* de sedientas.

Y tal vez estos pobres versos pudieran –porque no son míos, sino de las honduras de la Luz– dar reposo y alivio a nuevas generaciones de sedientos en las veredas de los tiempos que están por llegar. Pero para eso he de salir de estos muros, de esta prisión en la que ya no quepo, como el cuerpecillo del niño en el seno de su madre cuando el tiempo está cumplido.

*Me levantaré e iré a la casa de mi Padre.* Atravesando la noche volveré a los caminos con la aurora. Volveré a las alondras que en la mañana nueva traen una melodía nueva, una alabanza nueva con armonías siempre nuevas. Y otra vez pondré mis fuerzas, aunque ya tan menguadas, al servicio de esta reforma de sedientos.

Es llegada la hora. Y si por desventura fuera prendido y reprendido, poca diferencia ha de haber con estos rigores que ahora padezco. Sí, *me levantaré e iré a la casa de mi Padre.* Y si el Padre fuera servido de ello, puedan mis pies regresar al hogar sereno donde descansar y reponer sus menguadas fuerzas. Al lugar en el que recobrar la salud de mi propia casa, bendita porque en sus honduras hay un manantial del que brota agua viva, saltando desde los hontanares del alma para irrigar la tierra donde moran los hombres.

El tiempo del alumbramiento es llegado. Nada hay que temer. Me guía la estrella que nace en la noche. Por eso *me levantaré e iré a la casa de mi Padre.*

# Capítulo XVII

La sed y la fuente. El manantial que brota en lo profundo. El rumor del agua que cae sobre una fuente de piedra en la penumbra azulada de la noche, cobijada en la intimidad del alma.

La sed es mi compañera más querida. La sed, siempre la sed, orientando mis pies descalzos. Ella me pone en camino y guía mis pasos en la noche incierta. Sólo la sed nos alumbra en el camino que conduce al agua viva, y todo lo demás huelga y es ocioso. Hay una melodía delicada en la sed; una melodía que nos habla de eternidad. Un silbo delicado, como una música callada que nace en la hora más honda de la noche y en el lugar más cobijado del alma. Tan sólo hay que afinar el oído; y quien la escucha, aunque sea levemente, no puede más que ponerse en camino. Quien no presta oídos al silencio, en cambio, vaga sediento sin ni siquiera saberlo.

Cuando el alma afina el oído la sed se vuelve tan desesperada que todo lo que no sea manantial pierde sentido, o lo cobra sólo si se convierte en sendero hacia la fuente. Porque la sed brilla como el sol en la alborada, volviéndolo todo claro: las líneas, las formas, los montes, los valles, los collados, todo aparece con claridad cuando la sed ilumina el camino. La sed nos revela dónde aguarda la plenitud y dónde los laberintos en los que se extravían los hombres. La sed nos encamina hacia la plenitud y nos rescata del extravío. Siguiendo su rumor, a su socaire, el alma sólo anhela el manantial que brota en lo profundo. Y *qué bien sé yo la fonte* cuando dejo que sólo la sed guíe mis pasos.

Cuando los pies descalzos alcanzan la fuente, no hay ya peregrino ni sendero, sino una Presencia desnuda brotando por todas las eternidades de la Luz con un rumor de amor y de unidad. Sin tiempo, sin codicia, nada ocurre en presencia de la fuente. No es más que una fuente brotando. Pero esa fuente, tan humilde, tan sobria, tan desnuda, en la médula misma de su pedernal, es el seno maternal por donde Dios se nos vierte en el alma. Un instante de su Luz ilumina toda una vida.

Bendita seas, bendita sed, mi compañera, brújula que señalas los Orientes donde la Plenitud misma se nos vierte. Bendita tú, que atisbas el abrazo de lo Eterno.

# Capítulo XVIII

En esta hora de la noche, junto a mi pobre jergón, sólo una vela de pábilo vacilante. Las sombras que proyecta danzan en los muros con la misma cadencia que el universo entero danza en las armonías celestes.

¿Qué es la luz? ¿Y por qué es tan hermosa? A pesar de la pequeñez de la vela, parece inundar la estancia de su atmósfera dorada. Y yo, el más pequeño de los hombres, me voy sumergiendo en ella. ¿Qué más habría de anhelar? Su luz habita por doquier en esta celda; y por más que se empeñen mis custodios en apartarme del mundo, el mundo entero se empeña en visitarme y se hace a mi alrededor presencia luminosa.

La delicada luz dorada de la vela todo lo inunda ya; igual que la presencia del Altísimo, que se abaja, se ensancha, se abandona y se estremece por doquier, convirtiéndose a sí misma en la apertura y el lugar donde moran los hombres. Y al percibirlo, al percibirme morando en esta apertura, en esta atmósfera dorada que es la presencia misma del Altísimo, siento que puedo abandonarme confiadamente a su abrazo. ¿De qué podría carecer? ¿De qué podrían privarme, si todo lo tengo ya en este abrazo de la Luz?

¿Y cómo podría corresponder al abrazo de lo Eterno? ¿Cómo podría yo, el más pequeño de los hombres, abrazar también esta luz, este medio divino que colma de dicha toda mi existencia?

Conmovido de gozo, me levanto y abro mis brazos, en el vano intento de abarcar entre ellos la eternidad… Qué dolorosa plenitud, imposible abrazarla. Sólo puedo dejarme abrazar, saberme sostenido. No hay iniciativa posible, sino tan sólo entregar la voluntad y dejar que sea el Guardián de la Noche quien estremezca mi alma con su abrazo eterno, el mismo abrazo mantenido por todas las edades del mundo, el mismo que en este momento me estrecha con toda la intensidad de su Presencia.

Qué deliciosa dicha la de percibir este abrazo. Ahora me doy cuenta de que he sido, soy y seré permanentemente abrazado por la Presencia del Único, por el manantial de luz que convierte el universo entero en un altar, en un santuario. *En Ti somos, nos movemos y existimos.*

La atmósfera, el aire, el espacio, el vacío y la propia luz componen el lugar de la existencia de los hombres, el lugar donde el Eterno nos abraza y nos sostiene a cada instante. ¿Qué más precisamos para que nuestros ojos vean? Desearía correr a decírselo a los hombres, vocearlo por las calles, las plazas y los campos. La presencia de tus manos se me hace tan clara como el sol de la alborada, porque todo me habla de Ti. Pero no sólo me habla de Ti: es mucho más que eso. Todo te dice a Ti. Todo te expresa a Ti. Tú te estás diciendo en los espacios que me envuelven y me sostienen. Tú eres el medio en el que todo sucede, la entraña virginal que todo lo acoge y todo lo propicia. Y al mismo tiempo trasciendes infinitamente toda realidad, que es sostenida en tu regazo como el sol de la aurora es sostenido en el regazo de la noche.

*A dónde iré lejos de tu Presencia, Señor.* Por más que quieran alejarme del mundo, cargándome con estas prisiones, el Mundo entero y la Fuente que lo sostiene me visitan a cada instante. *¿Quién podría separarnos de ti? Ni la muerte, ni la vida, ni ángeles ni potestades, ni presente ni futuro, ni poderes ni altura ni hondura, ni criatura alguna nos podrá separar del amor de Dios.*

Casi siento compasión de quienes me creen preso en esta celda, porque ninguna prisión podría apartarme jamás de Ti, Señor del Abrazo infinito.

# Capítulo XIX

Hoy mi custodio vino a verme a media tarde:

— Venid conmigo, fray Juan. El prior ha dado orden de que bajéis.

— ¿Qué se le ofrece? –pregunté–.

— Un hermano está a las puertas de la muerte y ha pedido veros.

Qué imprevisibles los hombres y qué misteriosos los caminos de Dios, pensaba mientras me conducían a la celda del hermano moribundo. Estoy cautivo y con todas las privaciones posibles, sintiéndome como un indeseable para quienes en esta casa moran. Y sin embargo, en sus últimas horas, cuando sólo hay tiempo ya para la verdad, este hermano pide verme. ¿Querrá convencerme de que ceje en mi propósito? ¿O acaso no desea dejar este mundo sin estar en paz con todos, también conmigo? ¿Siente culpa, remordimiento, o tal vez compasión?

Así cavilaba mientras bajábamos las escaleras; fui conducido a una celda sobria, como todas, pero con una ventana luminosa por la que entraba la tarde de abril. Ahí yacía un hermano de edad avanzada, de rasgos suaves y con una poblada barba blanca. Sudoroso, jadeante y angustiado, la muerte se veía ya en ciernes asomando a su rostro. Cuando me vio se estremeció y quiso, en vano, alzarse.

— Venid, venid… –dijo con voz temblorosa–.

Me senté en el lecho junto a él y le tomé la mano.

— Aquí estoy, hermano. Nada temáis.

Cuál fue el motivo por el que me hizo llamar, aún no lo sé. Sólo sé que sus ojos me buscaban, como necesitando una luz que no lograban hallar, tal vez para encontrar fuerzas con las que afrontar el tránsito. Nada pudo decirme en aquellas horas. Tan sólo algunas veces, cuando recuperaba el hálito, llegaba a decir con voz tenue:

— Fray Juan… Fray Juan…

Y yo le tomaba las manos, las apretaba y prestaba mi voz a sus oraciones.

Al cabo, aquel hermano se fue serenando. Muy lentamente las facciones de su rostro iban expresando una calma cada vez mayor. Incluso una sutil sonrisa afloró en sus labios, y sentí que estaba ya en el tránsito, en el lugar misterioso en que el alma contempla de nuevo el Hogar, como un peregrino que retorna a casa.

Sus ojos estaban viendo dos mundos al mismo tiempo: la eternidad de Dios y la penumbra de esta celda a la hora incierta del ocaso. Y qué hermosa era la celda cuando la luz del Padre la iluminaba en un crepúsculo dorado, puro como el rocío de una flor, a través de aquellos ojos que se perdían ya en un paisaje sin final. Cuando poco antes de apagarse miraron los míos, reflejaban la Luz de las estrellas, la eternidad en las edades del mundo, el abrazo sereno en el seno de Dios de quien se siente ya acogido y en casa. Me sentí conmovido y casi envidioso de aquellos ojos que ya contemplaban el Amor. Y era como si el Amado, a través de la mirada de aquel hermano, ahora ya tan pura, nos dijese también amores y nos confortase en el dolor de esta prisión de la que todos éramos ya prisioneros.

Y así, con la celda inundada de una hermosa luz dorada, algunos hermanos se fueron acercando. Unos de pie, otros de rodillas, todos nos unimos en un cálido silencio orante.

Cuando se acercaba el último anhélito, al filo ya de los espacios infinitos, sus ojos me miraron. Y de este modo, asido a mi mano, se sumergió en la Luz.

# Capítulo XX

Al día siguiente de la muerte de aquel hermano, por primera vez en muchos meses, se me permitió participar de la Eucaristía. Fue una celebración sobria y solemne; intuyo que era un hermano muy querido, fiel hasta su última hora a los votos del Carmelo donde halló el camino que le guiaba a presencia del Señor.

Mis ojos aún guardaban el resplandor de la tarde anterior, porque en la luz de aquel atardecer brillaban todas las luces, la Eternidad expresada en la creación, en el misterio de la vida y de la muerte. En el misterio de la vida que se transforma cuando pasa a través de la muerte, en el Dios de la vida que acoge al alma cuando se desnuda ya del cuerpo. La luz de aquel atardecer era puramente luz, como toda luz, y la luz es siempre una y la misma, siempre la misma: la que brota de las entrañas de Dios desde el nacimiento del mundo y no ha dejado de brotar en todas sus edades, irrigando por doquier el universo de su Presencia sagrada. Señor de los hontanares, Señor, fuente y manantial, Tú brotando desde siempre y para siempre en una tarde sin final. Tú, eco del trigal en las tardes de mayo. Tú, Señor de los espacios infinitos, Presencia en cada presencia del mundo.

Y así, conmovidos aún por tanta luz, los hijos del Carmelo –qué más da si calzados o no– venimos ante Ti para ofrecerte el pan, para bendecirte, para darte gracias, para pedir tu Presencia en él, para partirlo y para compartirlo.

Cuando el pan se alzaba ante mí por primera vez después de tanto tiempo, mi corazón se conmovió hasta el extremo. En un lugar tan pequeño como el pan, en el que hasta el nombre es pequeño y humilde, Dios y los hombres celebramos esponsales en cada cena. Lo divino y lo humano confluimos en el pan. Comer de este misterio es asumirlo en nosotros, es hacernos pan, es ser nosotros mismos el misterio donde se abrazan y se hacen uno Dios y los hombres. Comer el pan que es Jesús es incorporarnos también nosotros al propio Jesús, humanidad pura que transparenta las aguas del Hontanar en sus entrañas.

Con lágrimas en los ojos, conmovido por tanta dicha y tanto regalo, casi incapaz de caminar, mi custodio me devolvió a mi celda. Antes de cerrar la puerta me miró y pronunció una sola palabra:

— Hermano…

Y cerró suavemente la puerta tras de sí.

# Capítulo XXI

Esta noche no puedo dormir porque mi anhelo vuelve a despertar con fuerza: he de regresar a los caminos. He de volver a encender corazones sedientos, como quien enciende antorchas en la noche que iluminan el silencio de los montes. He de volver con mi madre Teresa a recorrer los caminos. He de volver a descansar junto al fuego en las noches serenas y aguardar la aurora como la aguardan los pajarillos que velan en silencio.

En medio de la oscuridad de esta prisión, mi anhelo se vuelve esperanzado porque sé que la noche es el sendero del alba. Estos días que pasan me acercan cada vez más al descanso entre los cedros cuando la bonanza de agosto acaricia el fragor de sus hojas. Hay un canto delicado en el ventalle de sus ramas, un canto que habla de eternidad. Un canto en cuya escucha siente el alma que todo cobra sentido, y sin saber ni poder poner palabras, una armonía de eternidad la conmueve.

Sí, volveré a los caminos. El anhelo que habla a mi corazón es ya tan claro que no puedo ignorarlo. Aún no es llegada la hora de cantar maitines en el cielo. Hay aún nuevos caminos que recorrer y nuevos atardeceres que contemplar. A la hora del atardecer en la intemperie de los caminos, la noche incipiente pide al alma que confíe y se entregue. La oscuridad no es oscura para un alma confiada. Un alma que se siente en casa, cobijada por Ti, bajo la bóveda estrellada.

Sí, volveré a los caminos, para que mi alma sienta que la noche es su hogar, que los espacios anchurosos entre la tierra que nos sostiene y la bóveda celeste que nos cobija son los confines de un templo, de un hogar. Tú, mi hogar. Tú, mi fortaleza. Tú, mi alcázar. Tú, mi refugio. Tú, el seno que me teje en las entrañas de la noche.

Sí, volveré a los caminos. Y así, sintiéndome cobijado y en casa, danzaré en la noche exultante de gozo en tu presencia, Señor de los andariegos, Señor de los sedientos, Señor de los que atisban el aroma de tu presencia sagrada sobre la tierra desnuda. Danzaré sabiéndome cobijado por tus manos, porque la una es el cielo y la otra es la tierra. ¿Qué podría temer mi alma? En la noche de los caminos todo se me hace tan íntimo, tan familiar, tan hogareño, que sólo puedo sentirme en casa, en paz y exultante en tu presencia. ¿Cómo no danzar bajo las estrellas entonces, Señor de los que danzan bajo las estrellas, sabiéndome criatura amada, como los lirios del campo o como las aves del cielo?

Sí, volveré a los caminos, porque mi corazón ya sólo ansía recorrer las sendas por las que transitamos los sedientos buscando tu Hontanar.

# Capítulo XXII

Esta mañana, cuando la puerta se cerró tras de mí después de volver del refectorio, me di cuenta de que hasta ahora no había reparado en ella. Es una puerta tosca y gruesa, con esa reciedumbre que sólo tiene la madera vieja, cargada de años y de inviernos.

Un día esta puerta fue tronco de árbol. ¿En qué paraje bebió el alimento de la tierra? ¿En qué lugar de este mundo creció alimentada de sol y de lluvia? ¿En qué lugar de Castilla desnudaba cada invierno sus ateridas ramas y qué paisajes contemplaban sus hojas nuevas al ocaso cada primavera? Tierra, lluvia y sol gestaron la materia rugosa de su entraña que mis manos acarician esta tarde. Tierra, lluvia y sol alimentaron al leñador, y al carpintero, y al albañil, y a estos carmelitas que aquí habitan, y que pasan indiferentes junto a su piel añeja.

¿Qué es una puerta? ¿Es lo que une o es lo que separa? Tal vez ambas cosas. Las puertas que se abren son como una invitación a caminar hacia fuera. Las puertas cerradas nos invitan a permanecer, a transitar hacia los adentros, hacia la sima de amor en que se consume toda separación.

Así que esta puerta, tosca como lo son las cosas simples, tosca como las gavillas y los costales, sin refinamiento alguno, me habla cuando está abierta de otros lugares, de viajes que ensanchan la mirada en la amplitud del horizonte. Y cuando está cerrada me invita a adentrarme en la verticalidad de otro viaje, el que conduce a la anchura y la espaciosidad del alma.

Pero siempre, de un modo o del otro, cuando abierta nos lleva hacia lo horizontal y cuando cerrada nos lleva hacia lo vertical, cuando abierta nos remite a la existencia y cerrada nos remite al Ser, siempre está sostenida por un único Aliento, por un único impulso original donde las formas evolucionan fugaces mientras lo eterno permanece latiendo en su entraña. Lo eterno fue en esta puerta semilla, y la semilla fue árbol, y el árbol fue leña, y la leña es puerta. Un mismo fuego de eternidad sostiene el devenir de las formas efímeras que incorporan a la vida a todas las criaturas.

También yo soy como esta puerta. También yo soy del exterior y del interior, del Ser y del existir. También yo soy efímero y eterno. También yo, el más tosco de los hombres, albergo un caudal de eternidad que mana en lo profundo. Y así mis huesos, mi cabello y mi piel beben también del alimento de la tierra, y crecieron alimentados por el sol y la lluvia. También ellos contemplaron los paisajes del ocaso sobre los campos, y los inviernos hicieron temblar mis ateridas ramas. Y también, como esta madera vieja que es la entraña misma del universo, un caudal de eternidad hace brotar hojas nuevas al alba cada primavera.

Bendito seas, Señor que entretejes nuestras vidas al compás de la lluvia, mientras sol y tierra dibujan sin cesar una danza de formas efímeras que bendicen tu nombre Santo, Dios sin Nombre, Dios de los sin–nombre, Dios de la fértil ladera donde cantan los cedros la música callada que invoca tu rostro.

# Capítulo XXIII

He de salir de aquí. Ninguna duda alberga ya mi corazón. Me siento confirmado en el impulso, que me viene de muy adentro, de lo más hondo. Estos versos que el Eterno ha inspirado en mí anhelan ver la luz, como lo anhela toda criatura cuando siente la llamada de la vida. Mis manos sueñan con regresar a su lugar, al lugar que les corresponde, que no es otro que construir hogares que alberguen la incontenible sed de los sedientos, esos que sólo desean caminar despacio y descalzos hacia la Fuente. Esos que atisban un lugar más hondo, más íntimo, más amplio, más sereno, colmado de amor y de unidad, en el que el día no tenga alba ni ocaso y donde sólo se oiga el rumor de las aguas que nacen de lo eterno. Al arrullo de ese rumor, todo se consume en un fuego de amor y de unidad.

He de regresar a los caminos, a las sendas cobijadas de chopos, a mi madre Teresa, a mis hermanos, y avivar junto a ellos la esperanza en un camino nuevo. Ese camino no tiene principio ni fin, origen ni destino, tan sólo tiene centro. El centro es un lugar infinitamente pequeño, pero vertebra y da consistencia a todo. El eco de ese centro resuena por doquier a lo largo y ancho de los espacios sin final, como una melodía que estremece a las criaturas y que armoniza la danza de las estrellas.

Allá donde hay centro hay también orden, belleza y armonía. Todo en el universo gira en torno a un centro. También nosotros, pobres caminantes, sedientos y descalzos, somos buscadores de ese centro. Y cuando nos es dado escuchar el rumor del centro, nuestros pies cansados se convierten en alas que vuelan en torno a él trazando órbitas de luz, delicadamente, sin esfuerzo, en un movimiento majestuoso y lento, como el vuelo de las águilas, abandonados y sostenidos por el aire. Entonces todo cobra sentido. Entonces todo siente que ha llegado a su lugar, a su sitio, al hogar que desde toda la eternidad ha aguardado nuestro regreso. A esa inmensidad que se alboroza al ver nuestros pies descalzos sobre los montes con la aurora.

Aunque mis energías sean ya tan menguadas, aunque mis versos sean tan pobres, no puedo negarles la luz porque es el camino que el Eterno les confía en torno a su centro. Por eso he de salir de estas prisiones y marchar hacia las casas donde moran los caminantes descalzos, donde plantan cedros y cipreses, y tenderme en la noche a sus pies bajo un manto de estrellas en la hora serena donde todo reposa en su centro.

# Capítulo XXIV

Hay una cueva en nuestra casa de Segovia que es clara como el día. Sus paredes son doradas, de un tacto arenoso, y el sol de la tarde en el verano no perturba el frescor de su seno. Cómo anhelo su silencio.

Cuando entro en esa cueva, siento que ella es también mi corazón, mi misma entraña, como si lo que está fuera de mí estuviera al mismo tiempo dentro. Como si en la fresca oquedad cuya penumbra resplandece de luz se sintiera mi alma reconocida y habitada.

¿Quién entra en la cueva, entonces? ¿Quién se sienta en ella en las tardes de verano? ¿Es este pobre fray Juan quien entra en la cueva o es la cueva quien entra en él? Aunque mis palabras sean confusas, en lo profundo no hallo confusión. Lo interno y lo externo se abrazan y sostienen mutuamente; lo externo se adentra en lo interno, y lo interno, a fuerza de adentrarse más, se hace presencia en lo externo, que queda tan sediento que sólo en lo interno halla ya el centro y la fuente que calma su sed. Y juntos, los adentros y las afueras tejen una danza única al compás de los días y las noches.

Lo hermoso de esa cueva es que se parece a las palmas del Eterno: casi juntas, apenas entreabiertas, pero cobijando un lugar sereno donde lo eterno y lo externo se abrazan en silencio.

# Capítulo XXV

**M**is fuerzas están hoy en el límite. Hoy vino mi custodio a acompañarme para un breve paseo por las estancias que rodean mi celda. Pero a cada paso mi equilibrio vacilaba, y mi custodio había de sostenerme. De su mirada brotaba una compasión infinita. Al fin llegamos a una ventana desde la que se ve un río, aunque no sé cuál es. Pero ¿qué importa eso? Los nombres son cosa de los hombres. ¿Qué le importa al río, allá en su calma profunda, el sonido con que los hombres lo designan? Y así, ajeno al tumulto e imperturbable, discurría a lo lejos, sereno y despacioso, buscando el mar. El agua siempre nos habla del agua, siempre remite a una espaciosidad cada vez mayor. Y recordé entonces a mi madre Teresa:

— *No hallo cosa más a propósito para declarar algunas cosas de espíritu que esto de agua; y es que, como sé poco y el ingenio no ayuda y soy tan amiga de este elemento, la he mirado con más advertencia que otras cosas.*

Ella todo lo mira con atención, con una primorosa atención en la que entrega el alma entera. Con razón su oración de quietud la trae a presencia del Eterno, a ese lugar –decía ella– en el que *viene el agua de su mesmo nacimiento, que es Dios, y ansí como su Majestad quiere, produce una grandísima paz y quietud y suavidad, de lo muy interior de nosotros mesmos, yo no sé hacia dónde ni cómo.*

Todo esto me brotaba contemplando las aguas de ese río, su lento caminar, como quien anda cargado de años y sabiduría. Y ese ritmo lento era como un suave torbellino que todo lo acoge, que todo lo conduce hasta su mismo centro.

¡Oh, aguas serenas del río! Tomad mi alma, llevadla al lugar al que todas las aguas se dirigen. Llevadla a ese lugar –que yo no sé dónde ni cómo– hacia el que todas las criaturas del universo se encaminan, como peregrinas desde los confines del tiempo a través de todas las edades del mundo. Déjame caminar con ellas, sumergido en las aguas que inundan toda la creación y que sólo del Único nos hablan, Señor de los Ríos, dejándonos aún más sedientos.

¡Oh, aguas serenas del río! Acogedme en vuestro seno, llevadme de vuelo al lugar donde todo confluye, donde la eternidad acoge el decirse de sí misma en cada criatura, donde el Amor todo lo abraza y todo lo asume, porque nada le es ajeno. Aguas del río, que un mismo sol reflejáis en miles de brillos distintos, igual que las mil criaturas reflejan el mismo sol cada una a su propio modo y con su propio brillo, acoged a este pobre peregrino porque desfallece ya; porque su fatiga es tan grande que ya sólo la sed lo sostiene. Llevadme, aguas del río, al Único de cuya entraña brota el agua viva. Llevadme al lugar al que todo anhela regresar, porque ahí es a donde van tus aguas. Déjame fluir con ellas hacia el centro de los tiempos, hacia el centro eterno cuyo abrazo todo lo sostiene.

# Capítulo XXVI

Hoy mi custodio me permitió sentarme a escribir junto a la ventana, al amor del tibio sol de primavera. Más allá de las tapias de un patio aledaño, una hilera de chopos mecía sus ramas al aire de la tarde, haciendo danzar sus hojas como un mosaico de luces brillando al sol. Como un mosaico de vidas estremecidas al contacto de tu presencia sagrada. Un rumor de pájaros encendía las mejillas de la tarde, como una polifonía en la que cada pequeño cantor aportaba un silbo nuevo, único y distinto. Y traída por ellos, transmitida de pico a pico de los cantores, la voz de mi madre arrullando mi sueño en las noches de mi niñez en Fontiveros: *canta, canta, pajarito; canta, canta tu canción.*

A medida que mis oídos les prestaban más atención, parecía que se incorporaban más y más cantores matizando más y más la melodía sutil que estremecía los chopos. La eclosión de la vida en el corazón de Dios se mostraba entonces abiertamente y en toda su belleza; la eclosión de las innumerables criaturas que fueron, somos y serán, como un caudal de vida que nace de tu entraña en la mañana eterna y del cual ni una sola gota se pierde en su eterno regreso a la Fuente.

No puedo sentirme a la intemperie cuando tanta belleza me cobija. Sólo puedo saberme sostenido, como estos pequeños cantores, o como el ventalle de estas hojas mecidas por tu soplo.

*Canta, canta, pajarito; canta, canta tu canción,* me repetía la tarde trayéndome los ojos de mi madre. Ahora que la creación entera es mi nido; ahora que la tarde es el lugar de tu presencia y mi alabanza; ahora *que todos cuantos vagan de ti me van mil gracias refiriendo*; ahora que *todos más me llagan y déjanme muriendo*; ahora, que sólo puede brotar de mi alma *un no sé qué que queda balbuciendo*; ahora y sólo ahora puedo seguir cantando mi canción.

*Mi Amado, las montañas,*
*los valles solitarios nemorosos,*
*las ínsulas extrañas,*
*los ríos sonorosos,*
*el silbo de los aires amorosos.*

*Mi Amado, las montañas,* mi amado, la sobria majestad de cada cumbre, *acaba de entregarte ya de vero,* porque mientras más me hablan de ti las criaturas, más siento desfallecer mi alma y más se me va la vida mientras rasga mi entraña la dulce caricia de tu ausencia.

*Canta, canta, pajarito; canta, canta tu canción.* Desearía orarte y alabarte así, como el más pequeño de tus pajarillos, porque no cabe un gesto de alabanza más rendido, más confiado ni más sublime.

*Canta, canta, pajarito; canta, canta tu canción.*

# Capítulo XXVII

Hoy mi canción se vuelve casi desesperada. Sé que habitas las criaturas, sé que el corazón de cada una, su entraña, la médula de su ser es tu presencia amorosa. Y sin embargo un velo oculta tu eternidad, así que te dices veladamente pero no acabas de abrir la puerta de tu misterio en el canto de la mañana virgen.

Te dices sin acabar de decirte; te muestras sin acabar de mostrarte; el cantar de los pájaros es tu cantar, sin acabar de cantarte por entero. Estás y te retiras. Te muestras y te ocultas como el sol tras la niebla en las mañanas de invierno. Como la silueta de los montes apenas entrevista entre la bruma.

*Acaba de entregarte ya de vero*, porque la dicha de lo que muestras rasga el corazón en lo que ocultas.

En las largas tardes de silencio, en el lugar más profundo de mi celda, aflora como una melodía entredicha que apenas susurra tu nombre, pero tan esquiva que se oculta en cuanto afino el oído. Tan huidiza como el tiempo, como la arena entre los dedos, como el viento entre los cedros. Tan inasible como la luz del sol poniente. Tan sutil como el aroma de las rosas o como el rumor del agua en las fuentes lejanas.

Y sin embargo no puedo dejar de encaminarme hacia ese centro tan esquivo, que es el centro en torno al cual orbitan todas las criaturas. Tan infinitamente pequeño y a la vez armonizando la creación entera, sostenida en el amor eterno de tus aguas.

¿Cómo se puede caminar toda una vida en pos de una Presencia tan esquiva? ¿Cómo puede la sombra de un susurro ponerme en pie cada mañana?

*Acaba de entregarte ya de vero.* Acaba de susurrarme tu nombre al oído. Acaba de cantar tu melodía. Acaba de decirme de qué color es el alba cuando se refleja en tus ojos. Acaba de decirme a qué sabe el aroma de las rosas cuando tú lo aspiras. Acaba de decirme por qué la tarde es hermosa, por qué los trigales se conmueven con el viento, por qué los pájaros cantan a la aurora.

*Acaba de entregarte ya de vero*, Señor que te escondes en el aroma fugitivo de las rosas.

# Capítulo XXVIII

Esta tarde, al volver del refectorio, me entregué por entero a ti en el silencio de mi celda. El aire a mi alrededor se volvía denso de Presencia sagrada y mi alma desfallecía de sed de ti. Así que volví mi mirada a la sima interior, descendiendo con la suavidad de una concha que se va hundiendo en las aguas, oscilando pero sin perder el rumbo hacia lo profundo. Más despacio, más acompasado, más en calma, más en silencio, llegué al lugar en el que no quedaba ya casi nada de fray Juan. Sin pensamientos y sin memoria, me fundí como la nieve en tu silencio. Pero esta vez sucedió algo más: en el altar que es tu fuente sagrada, la que mana en el hondón del alma, se me pidió y entregué también mi voluntad. Se hizo así un vacío aún mayor, más espacioso, más puro y a la vez colmado de tu Presencia. Nada quería; ningún anhelo –ni siquiera el de alcanzarte–; ningún deseo –ni siquiera el de rozar la orla de tu manto–. Fray Juan había terminado ya de callar, de volverse barbecho, hoja en blanco, masa de arcilla abandonada al giro del torno en la penumbra del alcaller. Toda iniciativa ya era tuya; tuya la lluvia que hace nacer la sementera; tuyo el pincel, tuyas las manos que acarician la arcilla. Tuyo este frailecillo descalzo. Pero todo tuyo y solo tuyo.

¿Qué más habría de anhelar? ¿Qué mejor obra podría actuarse en esta arcilla mía que la que imprimen tus manos? ¿Y qué me queda a mí que hacer en esa obra más que, justamente, dejarme modelar por ellas?

Un último asomo vino a mí; era el vértigo de quien se sabe indigno de ser modelado por el Eterno. Y sin embargo, hijo de su creación soy. Lo indigno es pretender llevar yo a término su obra. En cuanto dejo que sus dedos me modelen, todo lo llenan de dignidad, de amor y de unión.

Y mientras gira y gira el torno alrededor de su centro, todo se armoniza y se serena. A ti confío mi vida; tú, mi alfarero; tú, gubia que esculpe de luz mis entrañas; tú, cincel que haces de mí tu imagen, que haces de mis honduras tu morada, que haces de mi sombra la puerta de la aurora.

Al regresar de las simas del silencio, mi vida ya no era mía, sino tuya. No pertenece ya a este pajarillo de hábito raído, tan flaco y tan sin fuerzas, sino al arco que dibujan tus manos desde las luces de la aurora a las luces del ocaso. El arco que une los Orientes y que cobija las edades del mundo.

Sólo tuyo, arcilla dócil a tus manos; sólo tuyo y abandonado a tus manos, Señor de los alfares que modelas en tu torno el universo.

# Capítulo XXIX

Es momento de marcharse. Esta tarde, con la excusa de vaciar el balde y ahorrar esa tarea a mi custodio, quedé solo ante mi puerta abierta. He aflojado los tornillos del candado, de modo que empujando desde dentro cederá y podré salir. He medido con hilo la altura de la ventana hasta el suelo, y con jirones de manta he hecho una cuerda para descolgarme. Mis coplillas, que son retazos de mi alma, están plegadas y atadas para colgarlas de mi cuello en el momento de mi huida. Sólo falta encontrar ese momento y confiar en que la providencia de Dios ampare mi fuga. Si hay un camino aún para mis pies, si hay una tarea aún para mis manos, si hay un árbol mecido por el viento aún para mis ojos, si hay nuevos otoños aún para mi tierra agostada, mi pie no tropezará.

Todo está dispuesto, pero ¿está dispuesta mi alma? ¿Me alcanza el valor para intentarlo? ¿Me alcanzan, acaso, las fuerzas? Y si me detienen, ¿no serán aún mayores y más insufribles los tormentos que aquí se me brinden? Estas cavilaciones me acosaban en la tarde cuando sentí estremecido el don precioso de la vida. El don precioso de este día. El don precioso de esta hora, de este preciso momento. Hay pura vida latiendo en mí y por doquier en este mismo instante. Como en las hojas de los álamos, hay un envés de blancura que sostiene la vida. Hay un envés de presencia, de eternidad, que sostiene nuestra vida. Dejémonos mecer por el viento. Dejémonos sentir, dejemos que la Presencia de lo eterno embriague de luz nuestra existencia. Acojamos el don inigualable de este instante. Es pecado grave dejar que languidezcan nuestras horas sin abrazar la eternidad que late en cada una de ellas. El tiempo suspendido, el vacío eterno que habita la entraña misma de la vida, esto es nuestra morada. Si sabemos el camino de ida hasta la fuente, hasta el hondón, abramos también las acequias de vuelta desde la fuente eterna hasta el instante cotidiano. Dejemos que la presencia del Eterno irrigue y fertilice con su amor las besanas de nuestra vida en la tarde luminosa. Dejémonos mecer por la eternidad, como el álamo, sin perder el equilibrio y el arraigo en lo profundo.

Ni los muros de esta celda podrían contener el empuje de tanto amor, porque ese mismo amor está escrito en toda realidad del universo, y porque es la médula misma de la vida. Está escrito en la materia que da cuerpo a toda la creación. Esta misma materia que da consistencia a este suelo, a estos muros, al hábito raído que apenas oculta la flaqueza de mi cuerpo, todo es el mismo Dios que se está diciendo, y sólo un oído atento puede oír su decirse, su melodía delicada, más queda que el silencio, más tenue que la luz de las estrellas.

Cuando el corazón se vuelve atento, cuando puede penetrar la realidad hasta su extremo, el canto silencioso, la música callada, la soledad sonora se muestran tan claras como el día. Es el canto de Dios en sus criaturas, y nacimos para escucharlo. El don de la materia, en cuya médula brilla la chispa divina, el don precioso de la vida, en cuya hondura se hace consciencia su sabiduría. Nacimos para ser testigos de ese milagro, para habitar en él hasta el último aliento y para regresar después a su seno. Por esto he de marcharme de aquí.

Alabado seas, Señor de los espacios infinitos, Presencia pura que en todo habitas. Puro don que todo lo entrega. Señor de los álamos, que sostienes la vida en el envés blanco de la eternidad, a ti la gloria por siempre. Amén.

# Capítulo XXX

Con todo ya dispuesto para mi fuga, siento que hay ante mí un momento de ruptura. Como rompe la mariposa la crisálida para volar, como rompe el polluelo el huevo, como rompe el niño la placenta de su madre, así he de romper mi cautiverio. Hay momentos de ruptura que piden de nosotros la audacia de aventurarnos a una vida transformada. Yo me encuentro en el umbral de ese momento.

Y al mismo tiempo, siento que este momento contiene otra ruptura más profunda: la del velo que confina la eternidad en lo profundo de mi ser. A pesar de mis menguadas fuerzas –o tal vez justo por eso– hay en mí un impulso decidido y arrollador por romper el dique que frena y contiene en mí la eternidad. Tan desesperada es ya mi sed que necesito que tus aguas inunden de vida mis desiertos. Que cada sencillo instante de mi vida cotidiana esté colmado de tu presencia. Que mi pobre vida –tan pequeña y flaca– cante de amor tu presencia, porque ninguna otra cosa he de hacer.

¿Cómo es posible romper el dique que contiene al Incontenible? ¿Cómo se puede romper el muro que detiene al Omnipresente? Y sin embargo hay algo en mí que ha de romperse, un velo que ha de rasgarse para que tu Presencia inunde cada instante de mi vida.

Cuando tu Hijo acabó de entregarse, el velo del templo se rasgó. El velo que separaba tu presencia –confinada en la oscuridad del templo– de la vida de los hombres. Y yo siento ahora que para eso hemos nacido, para romper el velo que te mantiene confinado en la oscuridad más honda del alma, para que así las aguas de tu hontanar irriguen nuestra vida con la tuya.

Deja que el velo se rasgue, Señor. Desvélate en el silencio ante mis pobres ojos, porque desfallecen ya de sed. Que la realidad desvele tus ojos, Dios misterioso, Dios de lo oculto. Vuélveme tan pobre que ni siquiera pueda desear. Vuélveme tan pobre como el viento, tan pequeño como la estrella más pequeña. Tan pobre, tan míseramente pobre, que ni siquiera un velo se interponga entre nosotros. Déjame adentrarme en tus adentros, Señor de lo oculto, Señor velado que anhelas desvelarte.

Como en la tarde oscura del Calvario, consuma mi entrega, Señor, para que se rasgue el velo que te oculta. Para que lo divino y lo humano se abracen. Para que las aguas del manantial velado en lo profundo brillen bajo el sol de la mañana. *Acaba de entregarte ya de vero*, acaba de mostrarte ya de vero. Acaba de desvelarte ya de vero, Señor que te muestras y te ocultas, que te velas y desvelas. Desvélame tu nombre, Señor de los dos lados, Señor que estás siempre más allá y al mismo tiempo siempre más acá, *immanens et transcendens*.

Como a los esposos, que cada uno ha de hacerse digno de la desnudez del otro, hazme digno de tu verdad desnuda y desvelada. A ti, Señor velado que anhelas desvelarte, la gloria por siempre. Amén.

# Capítulo XXXI

Me he desvelado en medio de la noche sabiendo que el momento es llegado. He colgado de mi cuello el hatillo con los papeles que contienen mis versos y he tomado la cuerda hecha de jirones de mantas y el mango de un candil, que habrá de servirme para atar la cuerda al marco de la ventana. Es víspera de la festividad de Nuestra Señora, y algunos hermanos, que han venido a este convento para celebrarla, duermen en la estancia que rodea mi celda. Pero el tiempo del alumbramiento ha llegado y nada puede ya detenerlo.

Me he postrado por última vez en mi celda pidiendo la bendición que viene de lo alto y que habita en lo profundo. La oscuridad de mi celda, la penumbra de su vientre, se agita ya con dolores de parto.

Basta con empujar la puerta hasta hacer ceder los tornillos del candado, y confiar en que el estrépito no haya de despertar a los que junto a esta celda duermen. Señor de los que aguardan en las sombras, ayúdame a vencer la resistencia de esta puerta; si esa es tu voluntad, abre para mí un camino nuevo.

Un estrépito atruena la estancia en el silencio de la noche. Siento su eco resonando dentro de mi vientre, y todo mi cuerpo tiembla mientras el sonido se apaga.

— *Deo gratias,* ¿quién es? –se oye en la estancia contigua–.

Y luego un silencio impenetrable, denso como la noche más oscura. Ahora toca esperar. Toca rogar por que quienes despertaron del sueño vuelvan a sumirse en las sombras. Con el corazón desbocado, me he apoyado contra la pared de mi celda, temblando como un pajarillo.

Al cabo, cuando nada sonaba a mi alrededor, he abierto la puerta y he salido de mi celda, amparado por el silencio de la noche. Que no vacilen mis pies, Guardián de los pequeños. Sólo si Tú me sostienes podré volar de estas prisiones y regresar al nido de quienes bien me quieren. Sólo si Tú me sostienes podrán mis manos –tan sin fuerzas ya– volver a trabajar en este sueño de sedientos, en este camino de pies descalzos.

Avanzo por estas estancias en el silencio de la noche. Si alguien me descubre, todo estará perdido. Pero sólo ahora mi corazón empieza a creer que una nueva vida es posible. Sólo ahora veo la ventana recortando su luz sobre la penumbra de estas estancias, abierta a la bonanza de agosto. Su amable claridad es como una llamada a renacer. En ese tenue resplandor, tan sutil, descansa toda mi posibilidad de volver a la vida. Todo me convoca en esa dirección; todo me empuja hacia allí; todo me sostiene, como en volandas, rumbo a esa ventana.

Camino acunado por los meses de gestación en esta casa; por el canto de la liturgia de las horas, cuando la plegaria subía hasta los espacios de la luz; por la mirada de aquel hermano moribundo, que a un tiempo veía tu rostro y los nuestros en una tarde sin final. Las sombras que pueblan los rincones de esta casa parecen flanquear mi camino.

Ya frente a la ventana he clavado el mango del candil entre la paredilla de media asta de ladrillo y el remate de madera, y he atado a él mi cuerda de jirones de mantas. El río a lo lejos llama a mi alma, la convoca a unirse a su paso lento hacia los anchurosos mares.

Y así, fundido con la noche, entregado y tan sin fuerzas a tus manos, me dispongo a volar hacia el nido. Bendito seas, Señor de los pajarillos y de los que ya no tienen fuerzas. A ti la gloria por siempre. Amén.

# Capítulo XXXII

Y al girarme, mi corazón se detuvo, petrificado de sobresalto.

¿Hay acaso una sombra en la penumbra? ¿Hay acaso una presencia testigo de mi fuga? ¿Son estos pálidos fulgores un par de ojos que me observan?

Sigo paralizado; pero la sombra no se mueve. Y aunque no sé si hay alguien, un halo de calidez enciende de amores la estancia. Nada hay que temer. Si tras la sombra alguien me observa, su corazón se ha acompasado con el mío. Su mirada se ha afinado con la mía. Y una misma Presencia nos convoca y nos acoge en esta noche más clara que la aurora.

Y si hay un corazón entre las sombras, aquí está también el mío resonando con la presencia emboscada en la penumbra. El Único, el hontanar del que nace el universo, abraza todo en esta noche en su presencia. Seas quien seas –y no puedo ya dudar de que hay alguien, porque este amor que aquí brota así me lo revela– sólo puedo bendecirte con la misma luz con que el sol nos bendice cada alborada.

Y así, en pie, con el rostro vuelto hacia el misterio de las sombras, siento que he de continuar, y que sólo el amor me guía. Sólo él nos conduce a los hontanares eternos. Este instante de quietud es la presencia misma del Único abrazando la vida entera.

Sin moverme aún, abracé aquel misterio, aquella sombra, aquella penumbra incierta, mientras la vida me abría el canal del parto hacia la aurora nueva.

Y así, de sombra a sombra, de pobre a pobre, de pajarillo a pajarillo, me hundí en el silencio de la noche.

# EPÍLOGO

Mi nombre es Juan de Santa María y soy fraile carmelita calzado. He custodiado a fray Juan desde el mes de mayo hasta el presente, hasta esta noche de agosto, víspera de la festividad de nuestra Señora, tan limpia y serena que estremece. Estoy sentado sobre el suelo en la penumbra del corredor que parte de la cámara que rodea la celda de fray Juan. En mis manos sostengo una cruz de madera con un Cristo de bronce que él me ha regalado. Frente a mí, la ventana de arco que da vista al Tajo, a la que algunas veces traje a fray Juan a tomar algún rayo de sol. Estoy aguardando su llegada cobijado por las sombras donde no puedo ser visto.

En la pobreza de mis manos sólo sostengo la cruz. Aunque más cierto sería decir que sólo ella me sostiene. Durante estos meses he sido testigo de la crudeza de los hombres, de la violencia y el oprobio, precisamente entre aquellos que han jurado dar su vida por el Amor que se hizo hombre. ¿Qué vida es ésta que he elegido, Señor, en que la obediencia exige humillar al justo, al pobre, al desvalido? Y en medio de tanta humillación, la Luz de tu presencia nunca le abandonó. *Deo gratias,* mi Señor, por tanta Luz. Mis ojos han sido testigos de que Tú estás con él, con nosotros. En él, en nosotros. El estrépito de un candado ha golpeado el suelo en el silencio. La jaula del pajarillo se ha abierto. Se acerca la hora en esta noche dichosa.

¿Qué va a ser ahora de mí? ¿Dónde hallaré la luz entre tanta oscuridad? ¿Dónde el arrullo de la noche? Ahora hay que aguardar a que quienes despertaron con el estrépito del candado vuelvan a las sombras del sueño, a la ceguera del que duerme sin poder ver la luz, sin atisbarla brillando en la pobreza desnuda de un ser puro y descalzo. El silencio se hace ahora denso, habitado. Todo en esta noche señala hacia esta ventana. Pero aún hay que aguardar un poco más.

*Deo gratias,* mi Señor, por tanta Luz. Tú, que habitas por doquier, que por doquier nos señalas el camino hacia tu casa, que es la nuestra, orienta al pajarillo a la ventana sin tropiezo para que pueda volar hasta su nido. Pasos leves en las sombras. Que no vacilen sus pies, Guardián de los pequeños. Y mientras los pasos leves se acercan, oh, dichosa ventura, guárdame también a mí. Dame un camino, Señor. Dame una senda. Dame una ventana de luz, como a este pajarillo que ya ha llegado ante ella, y que mira conmovido a su través una vida renacida.

Tan pequeño es el pajarillo, tan frágil y enfermo… Que no vacilen sus fuerzas ni su determinación, Guardián de los pequeños. Y mientras se desviste de su hábito raído y lo lanza a través de la ventana, descubre ante mí la huella de tanto odio y de tanta violencia en su cuerpecillo vulnerado. Todo el oprobio y toda la injusticia se han cebado con este pobre pajarillo de luz que ha hecho trizas su mantica para descolgarse por el muro. Colgado del cuello va un hatillo de papeles; son los que yo le llevé, pero tan llenos ahora de la luz de sus versos divinos…

¿Qué es ya más frágil y sin peso, el cuerpo menguado del pajarillo o la pobre cuerda de mantas hechas trizas? Una fragilidad habrá de sostener a la otra, pugnando por ver cuál es más débil. ¿Cómo habrían de sostenerse el uno al otro, Señor, si no estuvieses Tú sosteniendo a ambos?

El momento es llegado. Pero el pajarillo no mira cosa alguna, tan sólo la luz que en esta noche clara le señala el útero maternal que es esta ventana por la que ha de renacer a una vida nueva. Antes del alumbramiento es preciso que el niño se gire. Es justo el tiempo anterior al parto, donde se está aún en la sombra pero se pertenece ya a la luz. Es el momento en el que una última mirada al lugar cobijado de las sombras alumbra el paso a una vida nueva. También este pajarillo, para descolgarse por la ventana, habrá de girarse, desnudo como el silencio, y mirar por última vez las sombras antes de salir a la luz.

Y al girarse, su cabeza a contraluz de la ventana se ha orientado hacia las sombras desde las que le observo. ¿Me está mirando? ¿Me ve? ¿Por qué permanece inmóvil frente a mí? ¿Hay distancias a los ojos del Eterno? ¿Hay distancias entre este pobre alma oscura, que en la oscuridad de estos muros ha de permanecer, y la del pajarillo de luz a punto de volar? ¿Qué hay en su corazón? ¿Qué último latido tiene para mí? ¿Y quién es ahora el prisionero?

Una presencia cálida de amor se ha hecho presente en este vacío que a ambos nos separa. Dios te bendiga, pajarillo.

Y así, de sombra a sombra, de pobre a pobre, de pajarillo a pajarillo, se hundió fray Juan en el silencio de la noche, llenando la penumbra de azucenas.